1861, 18 Novembre

CATALOGUE
DE LIVRES

SUR

LA THÉOLOGIE, PORT-ROYAL ET AUTRES,
POÈTES FRANÇAIS, HISTOIRE, MUSIQUE, ETC., ETC.

COMPOSANT LA BIBLIOTHÈQUE

D'UN CHATEAU DE PROVINCE

DONT LA VENTE AURA LIEU

LE LUNDI 18 NOVEMBRE 1861 ET JOURS SUIVANTS

à 7 heures du soir

28, *rue des Bons-Enfants (Maison Silvestre)*

SALLE No 2, PREMIER ÉTAGE

Par le ministère de Me **BAUBIGNY**, Commissaire-Priseur,

41, RUE DE LA FONTAINE-MOLIÈRE.

PARIS

ANCIENNE MAISON SILVESTRE

CAMERLINCK, libraire (successeur)

RUE DES BONS-ENFANTS, 28.

ERRATA

Épistolaires, Polygraphes, de 538 à 559.

Géographie et Voyages, de 560 à 570.

CONDITIONS DE LA VENTE

Il y aura chaque jour de vente exposition de 1 à 3 heures.

Les livres vendus devront être collationnés sur place, dans les vingt-quatre heures de l'adjudication. Passé ce délai, ou une fois sortis de la salle de vente, ils ne seront repris pour aucune cause.

Les ouvrages qui se trouveront incomplets ou atteints de graves défectuosités seront revendus. Les acquéreurs payeront, en sus du prix d'adjudication, 5 centimes par franc, applicables aux frais.

M. CAMERLINCK, libraire, chargé de la vente, remplira les commissions des personnes qui ne pourraient y assister.

(*Affranchir.*)

ORDRE DES VACATIONS

Première vacation. — Lundi 18 novembre 1861. — Du N° 1 à 185.

Deuxième vacation. — Mardi 19 novembre....... Du N° 186 à 363. Du N° 365 à 375 *bis*.

Troisième vacation. — Mercredi 20 novembre...— Du N° 376 à 570.

Quatrième vacation. — Jeudi 21 novembre........ Le N° 354 (de 1 à 89). Du N° 571 à 678.
(à la Salle N° 4).

TABLE DES DIVISIONS

THÉOLOGIE

SCIENCES ET ARTS

BELLES-LETTRES

HISTOIRE

CATALOGUE

DE LIVRES

ANCIENS ET MODERNES

THÉOLOGIE.

Écriture sainte. Interprètes. Liturgie. Conciles. SS. Pères. Théologie morale. Polémique, etc. Histoire des religions.

1. Biblia hebraïca. *Paris*, Robert Steph, 1543, 2 vol. petit in-4, rel. v. tr. dor. (Bel exempl.)

2. Sacy (de). Bible française et latine. *Liége*, 1701, 4 vol. in-fol. rel. v. front. fig., vign. de Duvivier.

3. *Id.* Sainte Bible. *Anvers*, Moretus, 1700, 9 vol. in-12, rel. v. tr. dor. (Lég. piq.)

4. Calmet (Aug. D.). Hist. de l'Ancien et du Nouv. Testament, et des Juifs. *Paris*, 1725, 7 vol. in-12, rel. v. fig.

5. Nouveau Testament. *Paris*, Pralard, 1693, 5 vol. in-8, rel. v. tr. dor.

6. Royaumont. Hist. du Vieux et Nouv. Testament. *Saint-Brieuc*, 1802, in-8, rel., fig.

7. Bréviaire romain, en latin et en franç. *Paris*, Denis Thierry, 1688, 4 forts vol. in-8, rel. v., tr. dor.

8. Des-Portes (Philippe). Les Pseaumes de David, mis en vers français. *Rouen*, Petit du Val, 1603, in-12, rel. vel.

9. Office de la confrérie du saint ange Gardien. *Reims*, 1744, in-12, v., fig.

10. Office de la Semaine sainte. *Paris*, 1712, in-8, mar. n. fig.

11. Office de la Vierge, en latin et en franç , av. les hymnes trad. en vers. *Paris*, 1659, in-8, mar. n., tr. dor., ferm. en cuiv. Jolies fig.

12. Office de la Vierge. *Paris*, Loyson, *s. d.*, in-8, rel. m. r. fil., tr. dor. fig.

13. Valart. De Imitatione Christi. *Parisiis*, Barbou, pet. in-12, rel. v tr. dor.

---

14. Armand (J.). Conférences de la Trappe. *Paris*, 1720, 4 vol. in-12, v.

15. Saint Augustin. De la Cité de Dieu. *Paris*, 1601, in-8, rel. vel.

16. *Id.* La Cité de Dieu. *Amsterdam*, P. Mortier, 1736, 4 vol. in-12, rel. v.

17. *Id.* Traités sur la grâce de Dieu. *Paris*, Cavelier, 1757, 2 vol. in-12, rel. v.

18. Bon recueil des Œuvres de saint Ambroise sur la virginité. *Paris*, 1729, in-12, v.

19. Duranti. Lettres de saint Ambroise. *Paris*, 1741, 3 vol. in-12, v.

20. Homélies ou Sermons de saint Jean Chrysostome. *Paris*, 1666, 3 vol. in-8, v.

21. Le même. — *Paris*, 1675, in-8, v.

22. Jerosme (S.). Lettres trad. par D. G. Roussel. *Paris*, Chardon, 1743, 4 vol. in-12, rel. v.

23. Saint Jean Climaque. L'Echelle sainte ou les Dégrez pour monter au Ciel. *Paris*, 1661, in-12, v.

24. Saint Augustin. Les Deux livres de la véritable religion, et des mœurs de l'Eglise catholique. *Paris*, 1690, in-8, v.

25. Sermons de saint Basile et saint Astère. *Paris*, 1691, in-8, v.

26. Traduction d'un excellent discours de saint Athanase. *Paris*, 1651, in-8, rel. v.

27. Waillardi (O.). Sermones quadragesimales. *Parisiis*, Philippe Pigouchet, 1526, in-8, rel. v. Aux armes. Exempl. goth. à 2 col., front.

Théologie morale.

28. Agneau pascal, ou Explication des cérémonies des Juifs. *Cologne*, 1686, in-8, v.

29. Bonheur de la mort chrétienne. *Paris*, Josset, 1703, in-12, rel. m. tr. dor.

30. Contre l'amour des parures et le luxe des habits. *Paris*, 1780, in-18, v.

31. Du culte des saints et princ. de la T. S. Vierge Marie. *Paris*, 1679, in-8, v.

32. Duguet Conférences ecclésiastiques, ou Dissert. sur les auteurs, les conciles, etc. *Cologne*, 1742, 2 vol. in-4, v.

33. Du Verger (J.) de Saint-Cyran. Lettres chrétiennes et spirit. *Paris*, 1645, in-4, v.

34. Enchaînement des véritez sur le symbole des épouses fidèles et infidèles. 1734, in-12, v.

35. Godeau (Ant.). Les Tableaux de la Pénitence. *Paris*, Aug. Courbe, 1662, in-4, v., fig.

36. Hohenlohe (prince de). Mémoires, et Expériences dans la vie sacerdotale et dans le commerce avec le monde. *Paris*, 1836, in-8, br. n. r. port.

37. Idée de la religion chrétienne. *Paris*, 1740, in-12, v. Quantité de fig.

38. La Vallière (D[lle] de). Réflex. sur la miséricorde de Dieu. *Paris*, 1754, in-12, v., port.

39. Lettres sur les spectacles. *Paris*, 1769, in-12, v.

40. Méditations sur les Evangiles et pour les festes princ. des saints. *Paris*, 1708, in-4, v.

41. S. Cyran. Lettres chrest. de M. J. Du Verger, abbé. 1744, 2 vol. in-12, v.

42. Sénault (J. F.). L'Homme chrestien et l'homme criminel. *Paris*, 1656, 2 vol. in-4, v.

43. Solerius (A.). De Pileo. *Amstelodami*, 1671, in-12, rel. v., fig.

44. Thiers (J. B.). Traité des superstitions. *Paris*, 1679, in-12, v.

45. Traité de la Messe de paroisse, où l'on découvre les grands mystères des cérémonies de la messe. *Paris*, 1679, in-8, v.

46. Id. de la virginité. *Paris*, in-8, v.

47. Id. des sources de la corruption. *Amsterdam*, 1700, 2 vol. in-12, rel. v.

---

48. Arnauld (Ant.). De la fréquente Communion, ou les sentiments des Pères, des Papes, etc. *Paris*, 1643, in-4, v.

49. Id. La Tradition de l'Eglise sur la Pénitence et la Communion. *Paris*, 1645, in-4, v.

50. Bossuet (J. Ben.). Déclaration cléricale. *Luxembourg*, 1730, 2 t. en in-4, v., portr.

51. Id. Méditations sur l'Evangile. *Paris*, Mariette, 1731, 3 vol. in-12, rel. v.

52. Id. Mémoire sur l'explication des Maximes des saints. *Paris*, 1698, in-8, v.

53. Bohuours (le Père). Recueil des divers écrits. S. *l.*, 1700, in-12, rel. v.

54. Bucil (Honorat de). Dernières Œuvres et Poésies. *Paris*, Lamy, 1660, in-8, rel. m., fil., tr. dor.

55. Cognat (abbé). Polémique religieuse. *Paris*, Didier, 1861, in-12, br. n. r.

56. Lettres à l'auteur du Traité des miracles. 1767, 2 parties en in-12, v.

57. Perpétuité de la foi de l'Eglise catholique touchant l'Eucharistie, défendue contre le livre du sieur Claude. *Paris*, 1781, 6 vol. in-4, dem. rel.

58. Pichon (J.). L'Esprit de Jésus-Christ et de l'Eglise. *Liége*, 1747, in-12, v.

59. Traité des miracles. *Paris*, 1763, 2 vol. in-12, v.

60. Vassor (M. de). Lettres et Mémoires de Fr. de Vargas, etc. *Amsterdam*, 1699, in-8, v.

Histoire des religions.

61. Alcoran (l') des Cordeliers. *Amsterdam*, 1734, 2 vol. in-12, dem. rel., fig. de B. Picart.

62. Argens (d'). Lettres juives. *La Haye*, 1736, 6 vol. in-12, rel. v.

63. Arnauld d'Andilly. Œuvres diverses. *Paris*, P. le Petit, 1675, 3 vol. in-fol. (Bel exempl.)

64. Boileau. Hist. des flagellans. *Amsterdam*, 1701, in-12, v.

65. Bossuet. Histoire des variations des églises protestantes, 4 vol. — Avertissements aux protestants sur les lettres du ministre Jurieu. 2 vol. *Paris*, 1832. Ensemble 6 vol. in-8, br., n. r.

66. Calmet (Aug. D.). Dissertation sur les apparitions des anges, des démons et des esprits, les revenants et vampires. *Paris*, 1746, in-12, rel. v.

67. Camus (J. P.). L'Esprit de saint François de Sales. *Paris*, 1755, in-8, rel. v. Portr.

68. Caractère de la sainteté du bienheureux pape Benoît XI. *Toulouse*, 1739, in-12, v.

69. Chronologie des saints. *Paris*, 1707, in-8, v.

70. Chronologie et topographie du nouv. bréviaire de Paris. 1742, in-12, v.

71. Conférence du diable avec Luther, contre le saint sacrifice de la messe. *Paris*, 1740, in-8, v.

72. Debresse. Du Culte des dieux fétiches. 1760, in-12, rel. v.

73. Desdouits. Soirées de Montlhéry. *Paris*, 1838, in-8, br.

74. Deslyons (J.). Traitez singuliers et nouv. contre le paganisme du *Roy Boit*. *Paris*, 1670, in-12, rel. v.

75. Doney (abbé). Catéchisme du concile de Trente. *Dijon*, 1840, 2 vol. in-8, br., n. r.

76. Duchesne (J. B.). Hist. du Baianisme où l'hérésie de Mich. Bains. *Douay*, 1731, in-4, rel. v.

77. Dupuis. Origine de tous les cultes. *Paris*, Rosier, 1834, 10 vol. in-8, dem. rel., avec atlas in-4.

78. Du Ryer, l'Alcoran de Mahomet, trad. d. *Amsterdam*, 1775 2 tomes réunis en in-12, v., fig.

79. Emery. L'Esprit de sainte Thérèse. *Avignon*, 1829, 2 vol. in-12, v.

80. Fleury. Histoire ecclésiastique. *Paris*, Emery, 1691, 36 vol. in-4, rel. v. f. aux armes de Colbert. (Quelques fleurs de lys coupées aux titres.)

81. Herbelot (d'). Bibliothèque orientale, avec suppl. *Maestricht*, 1776, 2 vol. in-fol. v.

82. Hermant (Godefr.). La Vie de saint Athanase, patriarche d'Alexandrie. *Paris*, 1672, 2 vol. in-8, rel. v. Portr.

83. Histoire de la papesse Jeanne, tirée de Spanheim. *Cologne*, 1695, in-12, v.

84. Histoire de la robe sans couture de N. S. Jésus-Christ. *Paris*, 1712, in-12, v., fig.

85. Histoire des Fêtes mobiles de l'Eglise. *Paris*, 1707, 2 vol. in-8, rel. v.

86. Hurter (Fréd.) Tableau des institutions et des mœurs de l'Eglise au moyen âge. *Paris*, 1843, 3 vol. in-8, dem. rel.

87. Lanoë. Ménard (vie de M. D.). Diocèse de Nantes. *Bruxelles*, 1734, in-12, v.

88. Le Bœuf (abbé). Dissertation sur l'époque de l'établissement de la religion chrétienne dans le Soissonnais. *Paris*, 1737, in-12, br.

89. *Id.* Dissertations sur l'histoire ecclésiastique et civile de Paris, avec éclaircissements sur l'histoire de France. *Paris*, 1739, 2 vol. in-12, rel. v., fig.

90. Lettres escrites à Nostre S. P. le Pape et Mgr le card. Barberini *Paris*, Ant. Vitré, 1644, in-4, mar. r. fil. avec enc. tr. dor. (Bel exemplaire.)

91. Maimbourg (le P.). Histoire des Grecs, de l'arianisme et de l'hérésie des Iconoclastes, etc. *Paris*, 1680-83. 13 vol. in-12, rel. v.

92. Marne (J. B. de). Le Martyr du secret de la confession ou Vie de S. Jean Népomucène. *Paris*, 1741, in-18, v.

93. Pastoret (de). Zoroastre, Confucius et Mahomet. *Paris*, 1787, in-8, dem. rel.

94. Porée (G.). Lettres sur la sépulture dans les églises. *Caen*, 1749, in-8, n. rel.

95. Prideaux. Histoire des Juifs et des peuples voisins. *Paris*, 1726, 7 vol. in-12, rel. v., fig.

96. Probe. In scolas. Historiam factoribus J. de Greningen, necnon H. de ......, 1484, in-fol., rel. bois.

Goth. 2 coul. à 2 col. (Exempl. fatigué.).

97. Reland. La religion des mahométans, confession de la foi mahométane. *La Haye*, 1721, in-12, fig.

98. Sarpi (Paolo). Histoire du Concile de Trente, trad. p. Amelot de la Houssaie. *Amsterdam*, 1683, in-4, v.

99. Sainte-Croix (de). Mémoires pour servir à l'hist. de la religion secrète des anc. peuples, ou Rech. s. les mystères du paganisme. *Paris*, 1784, in-8, rel. v.

100. Saint François de Sales (Esprit de). *Paris*, 1745, in-8, v.

101. Thiers (J. B.). Critique de l'histoire des Flagellans. *Paris*, 1703, in-12, v.

102. *Id.* De stola in archidiaconum visitationibus gestanda a Parocis disceptatio. *Parisiis*, 1674, in-12, rel. v.

103. *Id.* Histoire des perruques. *Paris*, 1690, in-12, rel. v.

104. *Id.* Réponse à la lettre du P. Mabillon, touchant la prétendue sainte larme de Vendôme. *Cologne*, 1700, in-12, dem. rel.

105. Villette. Histoire de Notre-Dame de Liesse. *Laon*, 1708, in-8, v., figures.

Ordres religieux.

106. Aubry (abbé). Ballon, Saint-Mards et Saint-Ouen, ou Histoire religieuse de ces trois paroisses. *Le Mans*, 1853, in-8, br., non rogné.

107. Chaponnel (Raimond). Histoire des chanoines, ou Rech. s. l'ordre canonique. *Paris*, 1699, in-12, v.

108. Giry (Fr.). La Règle des Minimes, établie par S. François de Paule. *Paris*, 1697, in-12, v.

109. Inquisition. Histoire et son origine. *Cologne*, Pierre Marteau, 1693, in-12, v.

110. Mabillon (J). Traité des études monastiques. *Paris*, 1692, 2 vol. in-12, v.

111. Méditations sur la règle de S. Benoist. *Paris*, 1696, in-12, v.

112. Moines mendiants (Histoire de l'établissement des). *Avignon*, 1767, in-12, br.

113. Pierre-Joseph. Les Moines travestis. *Cologne*, P. Marteau, 1719, 2 vol. in-12, rel. v.

114. Polycarpe (Histoire de l'abbaye de St.-). S. *l.*, 1779, in-12, rel. v., fig.

115. Pratique de la clôture des religieuses. *Paris*, 1764, in-12, rel. v.

116. Règle de S. Augustin, à l'usage des religieuses. *Reims*, 1673, in-12, mar. n., tr. dor.

117. Relations de la mort de quelques religieux de l'abbaye de la Trappe. *Paris*, 1696. 2 vol. in-12, rel. v.

118. Ruinart. Apologie de la mission de saint Maur, apostre des Bénédictins en France. *Paris*, 1702, in-8, v., fig.

119. Samaritains (Nouv. éclairc. sur l'origine et le Pentateuque des). *Paris*, 1760, in-8, br.

120. Thiers (J. B.). Tr. de la clôture des religieuses. *Paris*, 1681, in-12, v.

Port-Royal.

121. Abrégé chronologique de l'hist. de Port-Royal, office et pèlerinage en l'honneur des saints et saintes, etc. 1760, réun. en in-12, v.

122. *Id.* de l'hist. de l'abbaye de Port-Royal. 1710, in-12, v.

123. Agnès (Mère). Les Constitutions du monastère de Port-Royal. *Paris*, 1721, in-18, v.

124. Apologie pour les religieuses de Port-Royal, pièces div. 1665, réun. en in-4, v.

125. Arnould (Marie). Mém. pour servir à l'histoire de Port-Royal. *Utrecht*, 1742, 3 vol. in-12, v.

126. Captivité de la mère Ang. de Saint-Jean, religieuse de Port-Royal. 1711, in-12, v.

127. *Id.* de la mère Madeleine. 1718, in-12, v.

128. Evesques engagés dans la cause de Port-Royal. *Cologne*, 1756, 2 vol. in-12, rel. v. Port.

129. Fontaine. Mém. pour servir à l'hist. de Port-Royal. *Cologne*, 1738, 2 vol. in-12, v.

130. *Id.* *id.* 2 vol. in-12.

131. Gémissements d'une âme touchée de la destruction du monast. de Port-Royal des Champs. *S. l.*, 1714, in-12, rel. v.

132. Histoire abrégé de l'abbaye de Port-Royal. *Amsterdam*, 1720, in-12, v.

133. Id. abr. de la dernière persécution de Port-Royal, édit. royale, 1750, 3 vol. in-12, v.

134. Id. des persécutions des religieuses de Port-Royal. *Villefranche*, 1743, in-4, v.

135. Id. gén. de Port-Royal, depuis la réforme de l'abbaye. *Amsterdam*, 1756, 10 vol. in-12. (Bel exempl.)

136. Lettre aux religieuses de la Visitation du monastère de Paris. 1697, in-12, v.

137. Madeleine (Mère). Relation de sa captivité à Port-Royal. 1718, 2 part. en in-12, v.

138. Manuel des pèlerins de Port-Royal des Champs. *Au Désert*, 1767, in-12, rel. v., fig.

139. Marie-Angélique Arnauld (Entretiens ou Conférences de la révérende mère). *Paris*, 1757, in-12, rel. v.

140. Id. de S. Jean, abbesse de Port-Royal des Champs. Discours. *Paris*, 1736, 2 vol. in-12, v.

141. Mélanges sur l'histoire ecclésiastique, janséniste, et de Port-Royal. 3 vol. in-4, v.

142. Mémoires hist. et chronol. sur l'abbaye de Port-Royal des Champs. *Autrecht*, 1755, 7 vol. in-12, rel. v., fig.

143. Id. pour servir à l'histoire de Port-Royal, p. Du Fosse. 1739, in-12, v.

144. Mère Angélique de Saint-Jean. Conférences. *Utrecht*, 1760, 3 vol. in-12, v.

145. Nécrologie de l'abbaye de Notre-Dame de Port-Royal des Champs, ordre des Citeaux. *Amsterdam*, 1723, in-4, v.

146. Id. id. id.

147. Pièces diverses sur la Constitution. 1729, réun. en in-4, v.

148. *Id.* pour servir à l'hist. de Port-Royal. 1740, in-12, v.

149. Port-Royal des Champs. Manuel des pèlerins. *Au Désert*, 1767, in-12, v.

150. Relations des religieuses de Port-Royal. S. *l. n. d.*, in-4, v.

151. *Id.* par la mère M. Ang. Arnauld, de ce qui est arrivé à Port-Royal. 1714, in-12, v.

152. Supplément au nécrologe de l'abbaïe de N. D. de Port-Royal des Champs, ordre des Citeaux. 1735, in-4, v.

153. Supplément au nécrologe de l'abbaïe de N. D. de Port-Royal. 1735, in-4, v.

154. Vies des amis de Port-Royal. *Utrecht*, 1751, in-12, v.

155. *Id.* intéressantes et édifiantes des religieuses de Port-Royal. S. *l.*, 1750, 4 vol. in-12, rel. v. f.

Jansénisme.

156. Actions (des) de Dieu sur les créatures, sur la prémotion physique. *Paris*, 1714, in-4, v.

157. Colbert (Ch. J.), évesque de Montpellier. Œuvres et Lettres. *Cologne*, 1740, 4 vol. in-4, v.

158. Constitution (la) Unigenitus. Les Actes de l'Église de Paris, actes des diff. diocèses, actes des Parlements, etc., etc. *Cologne*, 1757, 4 tom. en 3 vol. in-fol. rel. v., fig. (Bel exempl.)

159. Discipline de l'Eglise, tirée du Nouv. Testament. *Lyon*, 1689, 2 vol. in-4, v.

160. Dissertations sur les miracles. 1731, in-4, v.

161. Divers écrits concernant la Constitution *Unigenitus*, réunis en in-4, v.

162. Hexaples, ou les Six colomnes sur la constitution *Unigenitus*, *Amsterdam*, 1714, in-4, v.

163. Histoire générale du jansénisme. *Amsterdam*, 1700, 3 vol. in-12, v., portr.

164. Lenain de Tillemont. Mémoires pour servir à l'hist. ecclésiastique des six premiers siècles. *Paris*, 1702, 2 tomes en in-4, v.

165. Lettres apologétiques pour les carmélites du faub. Saint-Jacques. *S. l.*, 1748, in-12, rel. v.

166. Miracle arrivé à Moisy. *Autrecht*, 1742, in-12, rel. v.

167. *Id.* Mort surprenante du garçon du chirurgien Lombard. Miracle d'Anne Lefranc. Pièces sur les miracles de M. de Pâris. *Port-Royal*, 1732, fort in-4, rel. v.

168. Nouvelles ecclésiastiques, où mémoires pour servir à l'histoire. 1730-39, 5 vol. in-4, v. pl.

169. Pâris (la vie de M.). *Bruxelles*, 1731, in-12, v. Portr.

170. Pièces importantes sur les affaires de l'Eglise. 1764, in-12, v.

171. Recueil sur la Constitution, réun. en in-4, v.

172. *Id.* de pièces sur les miracles et autres, réun. en in-4, v.

173. Remontrance de fidèles, lettres sur la confiance et autres pièces, réun. en in-4, v.

174. Ségur (de). (Abrégé de la vie de). *Utrecht*, 1749, in-12, v.

175. Senez (de). Histoire du concile d'Embrun; hist. de la condamnation de l'évêque. Rec. de pièces, 1728, réun. en 2 vol. in-4, v.

176. Soanen (J.). Vie et lettres. *Cologne*, 1750, 2 vol. in-4, v. Portr.

177. Théro. Collection des lettres sur les miracles. *Neufchâtel*, 1765, in-8, rel. v.

178. Tocsins, avec écrits et arrêts publiés contre les libelles violents et séditieux. *S. l.*, 1716, in-12, rel. v.

179. Vérité des miracles opérés par l'intercession de M. de Pâris. *Cologne*, 1745, 3 vol. in-4, v., fig. (Bel exemplaire.)

Jésuites.

180. Annales de la société des soi-disan Jésuites, ou Recueil historique chronologique de tous les actes, écrits, etc., etc. *Paris*, 1764, 5 vol. in-8, dem. rel.

181. Extrait des assertions dangereuses et pernicieuses en tout genre. *Paris*, 1762, in-4, v.

182. Possevin (Vie du P. Ant.). *Paris*, 1712, in-12, v.

183. Procès contre les jésuites. *Brest*, 1750, in-12, v.

184. Religieux de la Compagnie de Jésus (Histoire des). *Utrecht*, 1741, 2 vol. in-12, v.

185. Roxelias Umeau. Jésuite sécularisé. *Cologne*, à la Sphère, 1683, in-12, rel. v.

Vies et histoires particulières.

186. Aubenton (d'). La vie de J. F. Regis. *Lyon*, 1718, in-12, v.

187. Abelly (Louis). La Vie du vénérable Vincent de Paul. *Paris*, 1664, in-4, v.

188. Borromée (S. Charles). Histoire de la vie, vertus, mort et miracles. *Paris*, 1622, in-8, rel. vel.

189. Bouthillier (Le) de Rancé (Vie de), par de Marsollier. *Paris*, 1703, in-4, v., portr.

190. Capucin (le) de Sicile, ou Hist. de Fr. Bernard, religieux de Provence. *Paris*, 1690, in-12, v.

191. Cépari. La Vie de S. Louis de Gonzague. *Paris*, 1788, in-12, v.

192. Dorigny (J.). Histoire de S. Remy, archevêque de Reims. 1714, in-12, v.

193. *Id.* Vie du P. Emond Auger, confesseur de Henri III. *Lyon*, 1716, in-12, v.

194. François-Xavier (S.). Vie. *Paris*, 1683, 2 vol. in-12, rel. v.

195. Fremiot de Chantal (Ste). Eloge hist. ou Vie abrégée. *Paris*, 1768, in-12, rel. v. Port.

196. Frizon (Nic.). La Vie du cardinal Bellarmin. *Nancy*, 1708, in-4, v. Port.

197. Gaetan (S.). Vie, avec règles de discipline et de piété. *Paris*, 1698, in-12, rel. v. Port.

198. Girard (de). La Vie des gens mariez, ou obligations de ceux qui s'engagent dans le mariage. *Paris*, 1743, in-12, v.

199. *Id.* La Vie des vierges ou les devoirs et les obligations des vierges chrétiennes. *Paris*, 1725, in-12, v.

200. Gratiani (A. M.). Vie du card. J. F. Commendon, trad. par Fléchier. *Paris*, 1680, in-12, rel. v.

201. Hermant (God.). La Vie de S. Basile le Grand et celle de S. Grégoire de Nazianze. *Paris*, 1674, 2 vol. in-4, v. Portr.

202. *Id.* La Vie de S. Athanase. *Paris*, Dupuis, 1671, 2 vol. in-4, rel. m.r. Aux armes de Colbert (piq. et fl. de lys coupées), portr

203. *Id.* La Vie de s. Athanase. *Paris*, 1671, 2 vol. in-4, v. Portr.

204. Histoire de la vie de N. S. Jésus-Christ. *Paris*, 1686, in-12, v.

205. Idée de la vie et de l'esprit de messire Nic. Choart de Buzanval, *Paris*, 1717. La vie de Godefroy Hermant, par Mortier, 1717, réun. en in-12, v.

206. Jean Chrysostome (S.). Vie. *Paris*, 1669, aux Trois Vertus, in-8, rel. v.

207. Lafosse. Vie de Madame. *En France*, 1760, in-12, rel. v.

208. Lambert (Jos.). Ordinations des saints. *Rouen*, 1717, in-12, v.

209. La Morinière (de). Les Vertus du vray prélat, représ. en la vie de Mgr le cardinal de la Rochefoucault. *Paris*, 1746, in-4, rel. v.

210. Languet (J. Jos.). La Vie de la vénérable mère Marguerite-Marie, religieuse de la Visitation. *Paris*, 1729, in-4, v., fig.

211. La Vie de Godefroy Hermant, p. Adr. Baillet. *Amsterd*, P. Mortier, 1717, in-12, v.

212. Lefeuve. Histoire de sainte Geneviève. *Paris*, 1861, in-8, br., n. r., front.

213. Lettres de saint François de Sales, av. la vie sainte de Mme de Chantal. *Paris*, 1713, in-12, v.

214. Marsollier (de). Vie de D. Arm. J. le Bouthillier de Rancé. *Paris*, 1703, 2 vol. in-12, v.

215. Maupas du Tour (H. de). La Vie de la vén. mère J. Fr. Frémiot de Chantal. *Paris*. 1672, in-8, v.

216. *Id.* (H. de). La Vie du v. François de Sales. *Paris*, 1657, in-4, v., fig.

217. Mege (R. P. Dom J.). La Vie de saint Benoist, p. saint Grégoire le Grand, *Paris*, 1737, in-4, v.

218. Paris (Vie de). *France*, 1733, n-12, v., portr.

219. Pavillon (Vie de M.), évêque d'Alet. *Utrecht*, 1739, 3 vol, in-12, v., portr.

220. Ségur (Abrég. de la vie de), anc. év. de Saint-Papoul. *Utrecht*, 1749, in-12, v.

221. Vie de la rév. mère Marie des Anges. 1737, in-12, v., portr.

222. *Id.* de M. la Noé-Ménard, de Nantes. *Bruxelles*, 1734, in-12, v.

223. *Id.* de M. Lenain de Tillemont. Div. sujets de morale et piété. *Cologne*, 1711, in-12, v.

224. *Id.* de saint Athanase. *Paris*, 1679, 2 vol. in-8, v.

225. *Id.* de saint Bernard, abbé de Clairvaux. *Paris*, 1656, in-8, v.

226. *Id.* de saint Cloud, prestre, petit-fils de Clovis. *Paris*, 1696' in-12, v., fig.

227. *Id.* de saint Jean Chrysostome. *Paris*, 1664, in-4, v., portr.

228. *Id.* de saint Paulin. *Paris*, 1686, in-8, v., portr.

229. *Id.* de saint Vaneng, fondateur de l'abbaye de Fécan. *Paris*, 1700, in-12, v.

230. *Id.* de plusieurs supérieures de l'ordre de la Visitation Sainte-Marie. *Annecci*, 1693, in-4, v.

231. *Id.* des Saints, avec l'hist. des Mystères de N.-Seigneur. *Paris*, 1734, 2 vol. in-4, v.

232. *Id. Id.* Hist. des festes mobiles. Topographie des Saints, et Vie des Saints de l'Ancien Testament. *Paris*, 1701-03, 16 vol. in-8. rel. v.

233. *Id. Id.* de l'Anc. Testament, tirées des SS. Pères. *Paris*, 1684, 2 vol. in-8, v.

234. *Id. Id. Paris*, 1707, in-8, v.

235. *Id.* du R. P. Ch. Faure, abbé de Sainte-Geneviève de Paris, où l'on voit l'histoire des chanoines réguliers. *Paris*, 1698, in-4, v., portr.

236. *Id.* et miracles de sainte Hélène. *Chaalons*, 1748, in-12, v.

237. Villefore. La Vie de saint Bernard, abbé de Clairvaux. *Paris*, 1723, in-4, v.

238. Vincent de Paul. Abr. de sa vie et de ses vertus. *Paris*, 1729, in-12, rel. mar. r., tr. dor.

239. Manuel des pèlerins de Port-Royal des Champs. *Au Désert*. 1767, in-12, v.

240. Saint-Cyran (*Idem.*)

241. Eglise catholique française, abbé Chatel, etc. Plaisirs populaires des bals et spectacles, abus de la confession, amours de la patrie. Excommunications, etc.

242. Antipapisme (l') révélé. *Genève*, 1767, in-12, rel.

243. Discipline anc. et nouv. de l'Eglise, touch. les bénéfices. *Paris*, 1702, in-4, v.

SCIENCES ET ARTS

Philosophie politique et morale.

244. Lemaistre. Plaidoyez et harangues. *Paris*, 1660, in-4. v.

245. Augé (L.). Philosophie de la religion. *Paris*, Durand, 1860, in-8, br., n. r.

246. Azaïs (H.). Compensations dans les destinées humaines. *Paris*, Eymery, 1825, 3 vol in-8, br.

247. Chevreau. Tableau de la Fortune, où par la décadence des empires et des royaumes, on voit l'instabilité des choses du monde. *Paris*, Pepingué, 1655, in-12, vél.

248. Ciceron. Les Offices. *Paris*, 1692, in-8, rel. v. f.

249. Duval. Opinions politiques, philosophiques et morales. *Paris*, 1854-56, 2 vol. in-8, br. n. r.

250. Mirabaud. Système de la nature. *Londres*, 1781, 2 vol. in-8, rel. v., fil., tr. dor.

251. Olivet (abbé d'). Philosophie du bon sens. *La Haye*, 1747, 2 vol. in-12, rel. v., fig.

252. Pensées sur l'Interprétation de la nature. S. *l.*, 1754, in-12, rel. v.

253. Petit prophète de Boehmischbroda, in-8, cart.

254. Système social, influence du gouvernement sur les mœurs. *Londres*, 1773, 2 tom. réunis en 1 vol. in-8, rel. v., fil., tr. dor.

---

255. Addison, Steele, etc. Le Mentor moderne. *La Haye*, 1723, 3 vol. in-12, rel. m., aux armes, fil., tr. dor.

256. Ami des hommes ou Traité de la population. *Avignon*, 1756, 3 part. en in-4, rel. v.

257. Ancillon (F.). Tableau des révolutions du système politique de l'Europe. *Paris*, 1806, 7 vol. in-12, cart.

258. Barruel (abbé). Mémoires pour servir à l'hist. du jacobinisme. *Hambourg*, 1803, 5 vol. in-8, cart.

259. Bodin (J.). Les Six livres de la République. *Paris*, 1577, in-8, rel. v.

260. Coras (J. de). Hist. prodigieuse de l'Edict des mariages clandestins, suiv. du Discours de l'Estat et police du royaume. *Lyon*, 1596, in-8, rel.

261. Danger des Passions. *S. l.*, 1758, in-12, rel. v.

262. Destructorium viciorum. *Nuremberg*, 1496, in-fol, caract. goth., rel. bois. *Bel exempl. av. notes margin.*

263. Du Refuge. Traité de la Cour, ou Instruction des courtisans. *Amsterd.*, *Elzev.*, 1656, in-12, v.

264. Du Vair (les Œuvres politiques, morales et meslées du sieur). *Genève*, 1621, in-8, cart.

265. Gregoire. Hist. patriotique des arbres de la liberté. *Paris*, 1833, in-18, br.

266. Lettres sur l'enthousiasme, Adeisidaemon. *La Haye*, 1709, réun. en in-12, rel. vél.

267. Loys le Roy. De la Vicissitude, ou Variété des choses en l'univers, et Concurrence des armes et des lettres. *Paris*, 1579, in-fol, rel. vél.

268. Machiavel. Trad. par Amelot. *Amsterd.*, Wetstein, à la Sphère, 1684, in-12, rel. v. Port.

269. Manière d'apaiser les troubles qui sont maintenant en France, et y pourront estre cy après. 1561, in-12, rel. v.

270. Masson (abbé). Miroir des colléges. *Paris*, Lecoffre, 1847, in-8, br., n. r.

271. Montaigne. Essais. *Paris*, 1588, in-4, rel. v. Aux armes. (Quelques défauts.)

272. *Id.* Les Essais. *Paris*, 1657, in-fol., rel. m. r. (Quelq. défauts.)

273. Necker. Administration des finances de France. *S. l.*, 1784, 3 vol. in-8, dem. rel.

274. Recueil de plusieurs pièces servans à l'hist. moderne. *Cologne*, Pierre du Marteau, 1663, in-12, m. r., aux armes, fil., tr. dor.

275. Roland Pietre. Considération politique. *Paris*, Rob. Estienne, 1566, in-8, n. rel.

276. Seuile (de P.). Les Diverses leçons, mis en franç. par Cl. Gruget. *Paris*, 1559, pet. in-12, v. Fatig.

277. Thery et Lemarc. Cours d'éducation élémentaire pour les filles. *Paris*, Hachette, 1840, gr. in-8, br.

278. Thomassin (le R. P.). Tr. de l'Aumône. *Paris*, 1695, in-8, v.

279. Timon. Entretiens de village. *Paris*, Pagnerre, 1846, in-16, br.

280. Traité contre le luxe des hommes et des femmes. *Paris*, 1705, in-12, v.

Sciences naturelles, médicales; etc.

281. Agricola. De re metallica. *Basileæ*, 1621, in-fol., vél., fig. bois. (Curieux.)

282. Besson (Dieg.). Theatro de los instrumentos y figuras mathematicas y mecanicas, en *Leon de Francia*, por Hor. Cardon., 1602, in-fol., vél., fig.

283. Clave (de). Paradoxes ou Traittez philosophiques des pierres et pierreries. *Paris*, 1635, in-8, rel. vél., fig.

284. Combles (de). Ecole du Jardin potager. *Paris*, Didot, 1780, 2 vol. in-12, rel. v., fig.

285. Dandolo (comte). L'Art d'élever les vers à soie. *Paris*, 1837, In-8, d. rel. m., fig.

286. De dissectione partium corporis humani libri, à Carolo Stephano, doctore medico, editi unà cum figuris, et incisionum declarationibus, à Stephano Riverio chirurgico compositis. *Parisiis*, Sim. Colinæum, 1545, in-fol. rel. v., fig. s. bois. (Cur.)

287. Duhamel du Monceau. Traité sur la culture de la vigne. *Paris*, 1759, 2 vol. in-12, rel. v., fig.

288. Etang (de l'). Manuel d'agriculture pour le laboureur. *Paris*, 1784, in-8, v.

289. Hufeland. L'Art de prolonger la vie humaine. *Lausanne*, 1809, in-8, dem. rel.

290. Jullien (A.). Topographie de tous les vignobles connus. *Paris*. 1822, in-8, d. rel.

291. Millot (J. A.). L'Art de procréer les sexes à volonté. *Paris*, in-8, dem. rel., fig.

292. Recueil choisi, instructif et amusant, pour vivre avec aisance à la ville et à la campagne. *Trévous*, 1771, in-8, rel. v.

293. Serres, seigneur du Pradel (Olivier de). Théâtre d'agriculture et Mesnage des champs. *Paris*, Jamet Métayer, 1600, in-fol. m. r., fer et enc. sur les plats, fig.

294. Théorie de la manœuvre des vaisseaux. *Paris*, Michallet, 1689, pet. in-8, rel. m. r., front., fig.

Appendice aux sciences, Sociétés, etc.

295. Artephius, Flamel et Synesius. Philosophie naturelle. *Paris*, L. d'Houry, 1682, in-4, br.

296. Bohémien (le) ou l'Art de tirer les cartes, de l'escamoteur, rêves, etc. *Paris*, an VI, in-18, br., fig.

297. Chavigny, Beaunois (les Pléiades du sieur de). Les Discours parénétiques sur les choses turques. *Lyon*, P. Rigaud, 1607, in-8, rel. v.

298. Commiers. Pratique curieuse ou les Oracles des sibylles, la fortune des humains. *Paris*, 1770, en in-12, br.

299. Decremps. La Magie blanche dévoilée. *Paris*, 1784, in-8, rel., fig.

300. Etteilla, ou la Manière de tirer les cartes, le Zodiaque mystérieux, Oracle du jour. *Paris*, 1773, en in-8, rel v., fig.

301. Existence de la pierre merveilleuse des philosophes. 1765, in-12, br.

302. Gaffarel (J.). Curiositez inouyes sur la sculpture talismanique des Persans, Horoscope. 1650, in-8, rel. v., fig.

303. Levi Eliphas. Dogme et rituel de haute magie. *Paris*, G. Baillière, 1856, 2 vol. in-8, br., fig.

304. Portæ (J. B.), Neapolitani. Magiæ naturalis. *Lugd. Batav.*, 1650, fort in-12, dem. rel., fig.

305. Bédarride. De l'ordre maçonnique de Misraïm. *Paris*, 1845, 2 vol. in-8, br.

306. Essai sur la secte des illuminés. *Paris*, 1789, in-8, v.

307. Francs (les) maçons écrasés, suiv. de l'Ordre des francs-maçons trahi. *Amsterdam*, 1766, in-12, v. fig.

308. *Id.* Hist., oblig. et statuts. *Francfort*, 1742, in-12, v.

309. *Id.* L'Etoile flamboyante ou la Société. Origine de la maçonnerie. Ensemble 3 tom. en in-18, dem. rel.

Métiers, Beaux-Arts.

310. Art d'aider et de fixer la mémoire, tr. compl. de mnémonique. *Lille*, 1808, in-8, dem. rel., fig.

311. Derham. Traité d'horlogerie pour montres et pendules. *Paris*, 1731, in-12, rel. v.

312. Garsault (de). Art du tailleur. *Paris*, 1769, in-fol. br., fig.

313. Horlogerie (l'). (Encyclopédie). In-4, n. rel.

314. Parfumeur royal, ou Traité des parfums. *Paris*, 1761, in-12, rel. v.

315. Pouget fils. Traité des pierres précieuses et de la manière de les employer en parures. *Paris*, 1762, in-4, rel. v., fig.

316. Roux (P.). Manuel de l'orfèvre et du bijoutier. *Paris*, 1838, in-12, br., fig.

317. Beaux-arts réduits à un même principe. Abrégé de la vie des peintres. *Paris*, 1699, 1746, 2 vol. in-12, rel. v., fig. d'Eisen.

318. *Id.* Essai sur les tableaux du Poussin, graveurs, orfévres, architectes, etc. Ensemble 3 vol. et br.

319. Boutard. Dict. des arts du dessin. *Paris*, 1838, in-8, br.

320. Collot (J. P.). Notice sur une coll. de Rubens représ. la vie d'Achille *Paris*, Firmin Didot, br. in-8.

321. David (Emeric). Histoire de la peinture au moyen âge. *Paris*, Gosselin, 1842, in-12, dem. rel.

322. Dictionnaire de peinture. *Paris*, 1746, 2 vol. in-12, v.

323. Didron. Histoire de Dieu. (Iconographie chrét.) *Paris*, Impr. royale, 1843, in-4, dem. rel.

324. *Id.* Manuel d'iconographie chrétienne; Guide de peinture. *Paris*, Impr. royale, 1845, in-8, dem. rel.

325. Le Clerc (Seb.). Pratique de la géométrie sur le papier et sur le terrain. *Paris*, 1682, in-12, rel. v., fig.

326. Léon (Fr.). Le Portrait de la sagesse universelle, repr. en tableaux. *Paris*, 1655, in-4, rel. v., fig.

327. Lasteyrie (Ferd. de). Quelques mots sur la théorie de la peinture sur verre. *Paris*, 1852, in-12, dem. rel. maroq. r.

328. Mélanges de gravures, des anciennes villes de France, costumes de tous les peuples, portr. et fig. anciennes et mod., 4 vol. in-4, cart.

329. Niceron (J. F.). Parisien de l'ordre des Minimes, La Perspective curieuse. *Paris*, 1638, in-fol., rel. vel., fig.

330. Paradin (Cl.). Les Devises héroïques. *Paris*, J. Ruelle, 1571, pet. in-12, vel.

331. Philibert de L'Orme. Nouv. inventions pour bien bastir et a petits fraiz. *Paris*, de Marnef, 1576, in-fol., rel. vél., fig.

332. Piles (de). Abr. de la vie des peintres. *Paris*, 1738, in-12, v.

333. *Id.* Cours de peinture. *Paris*, 1708, in-12, v.

334. Planche (G.). Etudes sur l'Ecole française, sur les arts. Portr. d'artistes. *Paris*, Levy, 1853-55, 5 vol. in-12, br., n. r.

335. Quillet (F.). Dictionnaire des peintres espagnols. *Paris*, 1816, in-8, dem. rel. maroq. r.

336. Winckelmann (Œuvres de). Histoire de l'art chez les anciens. Lettres, etc. *Paris*, 1786, 7 vol. in-8, rel. v.

337. Hans Holbein. L'Alphabet de la mort, publié par A. Montaiglon. *Paris*, Ed. Tross, 1856, in-8, cart., fig. Encadrements du XVIe siècle.

338. Alciati (A.). Omnia emblemata. *Parisiis*, 1628, in-8, rel. v. Beaucoup de fig. (Curieux.)

339. Hermanno Hugone. Pia desideria. *Antuerpiæ*, *S. d.*, in-12, rel. v., fig.

340. Verrien. Recueil d'emblèmes, devises, médailles, armes, etc. *Paris*, 1724, in-8, rel. v., fig.

341. Barbeyrac (J.). Traité du jeu. *Amsterdam*, 1737, 3 vol. in-12, v.

Jeux, Musique, etc.

342. Calabrois. Le Jeu des eschets. *Paris*, 1669, in-12, v.

343. Cussac. Aviceptologie et pisciceptologie ou Chasse des oiseaux et art de la pêche. *Paris*, 1818, 2 vol. in-12, cart., fig.

344. Desgraviers. Le Parfait chasseur, tr. de toutes les chasses. *Paris*, 1810, in-8, dem. rel., fig.

345. Jeu des échecs, par Philidor, académie contre la passion du jeu, loteries, etc. Ens. 5 vol. in-12, br.

346. Jeux publics dévoilés. *Paris*, 1821, in-4, br.

347. Philidor et autres. Nouv. notations des parties des échecs. *Paris*, 1823, in-8, br.

348. Traité du jeu des échecs, par une société. *Paris*, 1786, in-12, dem. rel.

349. Affillard (l'). Principes de musique. *Paris*, 1747, in-8 obl. v., fig.

350. A-propos (les) de la folie ou Chansons grotesques, grivoises et annonces de parades. *Paris*, 1776, in-8, br. musique, et fig. de Moreau.

351. Art de transposer toute sorte de musique. *Paris*, 1711, in-12, c.

352. Blein. Principes de mélodie, 1838. Tr. des accords, 1764, 2 vol. in-8.

353. Brossard (de). Dictionnaire de musique. *Amsterdam*, *s. d.*, in-8, rel. v. pl.

354. *Id.* Dictionnaire de musique. *Paris*, 1705, in-8, v. Planches.

355. Dissertation sur la célébration de l'office divin en langue vulgaire. *Paris*, an VIII, in-8, br.

356. Enseignement de la musique, par Jacotot, Caraudé, Wilhem. Ens. 3 vol. in-8, br., pl.

357. État actuel de la musique et des trois spectacles de Paris. 1759, in-12, n. rel.

358. État actuel de la musique en Normandie, de la poésie lyrique en France, chapelle, musique. Ens. 3 vol. in-8, br.

359. Festin joyeux ou la Cuisine en musique, en vers libres. *Paris*, 1738, 2 part. en in-12, v. pl.

360. Lichtenthal (Dr P.). Dictionnaire de musique. *Paris*, 1839, 2 vol. gr. in-8, br.

361. Raymond. De la musique dans les églises, av. l'objet des cérémonies. *Chambéry*, 1809, br. in-8.

362. Ribon. Parodies bachiques sur les airs et symphonies des opéras. *Paris*, 1696, in-12, rel. v. Musique.

363. Violon et viole, méthode. 1687-1805, 2 vol. in-8 et in-12, pl.

364. Partitions d'opéras.

1. Adam. Joséphine, ou le Retour de Wagram, opéra en 1 acte, 18 p.
2. Auber. Léocadie, drame lyrique en 3 actes, 22 p.
3. Auber. Emma, ou la Promesse imprudente, op. com. en 3 actes, 17 p.
4. Berton. Montano et Stéphanie, op. en 3 actes, 16 p.
5. Berton. Le Délire, op. en 1 acte, 12 p.
6. Berton. Les Maris garçons, op. com. en 1 acte, 18 p.
7. Françoise de Foix, op. en 3 actes, 15 p.
8. Belle Arsène (la), com. féerie en 4 actes, 8 p.

9. Bochsa. L'Héritier de Paimpol, op. com. en 3 actes, 16 p.

10. Boieldieu. La Jeune femme colère, com. en 1 acte, 8 p.

11. Boieldieu. Ma Tante Aurore, ou le Roman impromptu, op. bouff. en 2 actes, 15 p.

12. Bruni. La Rencontre en voyage, op. en 1 acte, 7 p.

13. Catel. L'Auberge de Bagnères, com. en 3 actes, 9 p.

14. Catel. L'Officier enlevé, op. com. en 1 acte, 17 p.

15. Champein. La Mélomanie, op. com. en 1 acte, 10 p.

16. Champein. Le Nouveau Don Quichotte, op. en 2 actes, 10 p.

17. Cherubini. Les Deux journées, op. en 3 actes, 16 p.

18. Dal ***. Azemia ou les Sauvages, com. en 3 actes, 11 p.

19. Dal ***. Nina ou la Folle par amour, com. en 1 acte, 10 part.

20. Dal ***. Sargines ou l'Élève de l'amour, com. en 4 actes, 11 p.

21. Dalayrac. Ambroise, ou Voilà ma journée, op. en 1 acte, 10 p.

22. Dalayrac. Gulnare, ou l'Esclave persane, com. en 1 acte, 15 p.

23. Dalayrac. Philippe et Georgette, com. en 1 acte, 14 p.

24. Dalayrac. Gulistan, ou le Hulla de Samarcande, op. en 3 actes, 15 p.

25. Dalayrac. Une heure de mariage, com. en 1 acte, 13 p.

26. Dalayrac. Raoul, sire de Créqui, op. en 3 actes, 11 p.

27. Dalayrac. Picaros et Diégo, ou la Folle soirée, op. bouff. en 1 acte, 11 p.

28. Dalayrac. Marianne, com. en 1 acte, 13 p.

29 Dalayrac. La Soirée orageuse, com. en 1 acte, 13 p.

30. Dalayrac. Les Deux petits Savoyards, op. com. en un acte, 11 p.

31. Dalayrac. La Maison isolée, ou le Vieillard des Vosges, com. en 2 actes, 12 p.

32. Dalayrac. Camille, ou le Souterrain, com. en 3 actes, 8 p.

33. Dalayrac. Maison à vendre, com. en 1 acte, 10 p.

34. Della Maria. Le Prisonnier, ou la Ressemblance, op. en 1 acte, 12 p.

35. Della Maria. L'Opéra-Comique, op. com. en 1 acte, 17 p.

36. Dourlen. Frère Philippe, op. com. en 1 acte, 14 p.

37. Dézede. La Fête de la cinquantaine, op. en 2 actes, 12 p.

38. D. Z. Blaise et Babet, ou la Suite des trois fermiers, com. en 2 actes, 11 p.

39. Euphrosine et Coradin, op. en 3 actes, 10 p. (Nouv. 3e acte.)

40. Fétis. La Vieille, op. com. en 1 acte, 15 p.

41. Gaveaux. Un quart-d'heure de silence, op. com. en 1 acte, 13 p.

42. Gaveaux. Sophie et Moncars, ou l'Intrigue portugaise, op. en 3 actes, 16 p.

43. Gaveaux. Le Traité nul, op. en 1 acte, 13 p.
44. Gaveau. Le Petit matelot, op. en 1 acte, 10 p.
45. Gaveau. Le Diable en vacances, opéra féerie et comique en 1 acte, 12 part.
46. Grétry. L'Epreuve villageoise, op. bouff. en 2 actes, 9 p.
47. Grétry. Sylvain, op. com. en 1 acte, 10 p.
48. Grétry. Raoul Barbe-bleue, op. en 3 actes, 12 p.
49. Grétry. La Fausse magie, com. en 1 acte, 11 p.
50. Grétry. La Caravane du Caire, op. ballet en 3 actes, 11 p.
51. Grétry. L'amant jaloux, com. en 3 actes, 13 p.
52. Grétry. Panurge dans l'isle des Lanternes, com. lyrique en 3 actes, 11 part.
53. Herold. La Clochette, ou le Diable page, op. féerie en 3 actes, 17 p.
54. Herold et Halévy. Ludovic, op. comique en 2 actes, 15 p.
55. Jadin. Grand-Père ou les deux Anges, op. com. en 1 acte, 6 p.
56. Kreubé. Edmond et Caroline, ou la Lettre et la réponse, op. com. en 1 acte, 13 p.
57. Kreutzer. Lodoïska, op. com. en 3 actes, 11 p.
58. Kreutzer. Jadis et aujourd'hui, op. bouff. en 1 acte, 15 p.
59. Kreutzer. Paul et Virginie, com. en 3 actes, 15 p.
60. Lesueur. La Caverne, drame lyrique en 3 actes, 10 part.
61. M***. Félix, ou l'Enfant trouvé, com. en 3 actes, 9 p.
62. Méhul. Héléna, op. en 3 actes, 15 p.
63. Méhul. L'Irato, ou l'Emporté, op. bouff. en 1 acte, 13 p.
64. Méhul. Une Folie, op. en 2 actes, 16 p.
65. Méhul. Stratonice, com. en 1 acte, 14 p.
66. Mengal. Une nuit au château, op. com. en 1 acte, 14 p.
67. Mozart, Cimarosa, etc. Les Folies amoureuses, op. bouff. en 3 actes, 16 p.
68. Nicolo de Malte. Jeannot et Colin, op. com. en 3 actes, 15 part.
69. Nicolo de Malte. Le Magicien sans magie, op. com. en 2 actes, 17 part.
70. Nicolo de Malte. Cendrillon, op. féerie en 3 actes, 20 p., avec air nouveau.
71. Nicolo. Le Médecin turc, op. bouff. en 1 acte, 16 p.
72. Nicolo. Michel-Ange, op. en 1 acte, 11 p.
73. Nicolo. Un jour à Paris, ou la Leçon singulière, op. com. en 3 actes, 21 p.
74. Nicolo. Le Billet de loterie, op. com. en 1 acte, 17 p.

75. Nicolo. Le Prince de Catane, op. en 3 actes, 18 p.

76. Paisiello. Le Marquis Tulipano, ou le Mariage inattendu, op. bouffe en 2 actes, 12 p.

77. Piccini. Avis au public, ou le Physionomiste en défaut, op. com. en 2 actes, 13 p.

78. Prétendus (les), com. en 1 acte, 9 p.

79. Prevost. Cosimo, op. bouff. en 2 actes, 16 p.

80. Rifaut. La Sentinelle perdue, op. com. en 1 acte, 19 part. en 15 cahiers.

81. Roger fils. Lulli et Quinault, op. com. en 1 acte, 14 p.

82. Sacchini. Œdipe à Colone, op. en 3 actes, 9 p.

83. Secret (le), ou la Femme jalouse, op. en 1 acte, 10 p.

84. Servante-maîtresse, com. en 2 actes, 5 p.

85. Solié. Le Diable à quatre, ou la Femme acariâtre, op. en 3 actes, 15 p.

86. Solié. Jean et Geneviève, op. en 1 acte, 9 p.

87. Sophie G***. Les Deux Jaloux, op. com. en 1 acte, 14 p.

88. Steibelt. Roméo et Juliette, op. en 3 actes, 16 p.

89. Tarchy. Trente et quarante, ou Quatre portraits, op. com. en 1 acte, 10 p.

BELLES-LETTRES

Linguistique, Auteurs anciens.

365. Chalumeau de Verneuil. Grammaire espagnole. *Paris*, 1821, in-8, dem. rel.

366. Dictionnaire de l'Académie françoise. *Paris*, Brunet, 1762, 2 v. in-fol. rel. v.

367. Glossarium eroticum linguæ latinæ. *Parisiis*, Dondey-Dupré, 1826, in-8, br. n. r.

368. Catullus, Tibullus et Propertius. *Parisiis*, Barbou, 1754, in-12, rel. v. fil., tr. dor. Port.

369. Démosthène et Eschine. Œuvres complètes, trad. par J.-F. Stiévenard. *Paris*, Didot, 1842, gr. in-8 br., n. r.

370. Erasme. Eloge de la folie, trad. par Gueudeville, *S. l.*, 1753, in-12, rel. v. fig. de Eisen.

371. Horatii (Q. F.). Carmina. *Lut. Par.* Coustelier, 1746, in-12, rel. v. fil., tr. dor. Port.

371 *bis.* Lipsi (J.). Opera omnia. *Vesaliæ*, 1675, 4 vol. in-8, rel. v.

372. Lucain. La Pharsale. *Paris*, 1655, in-4, rel. v. aux armes, fil., tr. dor. (Légère piq.).

373. Lucrèce. De la nature des choses, trad. par Le Blanc de Guillet (texte latin et franç.). *Paris*, 1788, 2 vol. in-8, dem. rel.

374. Merlini Cocaii Opus, poetæ mantuani macaronicorum et Moscheæ. *Amstelodami*, 1692, in-8, rel. v. Jolies figures.

375. Phædri Augusti liberti Fabularum, Æsopiærum libri quinque. *Parisiis*, J. Didot, natu maior, 1823, in-fol. cart., tr. dor.

Édition de 125 exempl., sans fautes, la seule qui existe maintenant. Les caractères, l'encre, le papier. tout fut fabriqué exprès ainsi que la presse qui fut exposée avec l'ouvrage.

375 *bis*. Plinius. Epistolæ et Panegyricus Trajano dictus. *Parisiis*, Barbou, 1769, in-12, rel. v. fil., tr. dor.

Poëtes français.

376. Boileau. Œuvres. *Genève*, 1716, 2 vol. in-4, rel. v. port. Fig.

377. Cabrié. Le Troubadour moderne. *Paris*, Amyot, 1844, in-8 br.

378. Chapelain. La Pucelle, ou la France délivrée. *Paris*, 1656, in-12, rel. v., fig.

379. Chevilles de Me Adam, menuisier de Nevers. *Rouen*, 1654, in-8, vel.

380. Deshoulières (Mme). Poésies. *Paris*, 1707, 2 vol. in-12, rel. v., port.

381. *Id.* Poésies. *Brusselle*, 1708, 2 vol. in-12, port.

382. Desmarest (J.). Clovis, ou la France chrestienne. *Leyde*, par les Elzeviers, 1657, in-12, rel. vel.

383. La Fontaine (de). Contes et Nouvelles. Figures de Romain de Hooge. *Amsterd.*, 1732, 2 vol. in-12, rel. v.

384. *Id.* Contes et nouvelles. *Londres*, 1780, 2 vol. in-12, rel. v. Portr.

385. *Id.* Contes et nouvelles. *Paris*, 1791, 2 vol. in-8, rel., fig.

386. *Id.* Fables choisies, comm. par Coste. *Paris*, 1769, 2 vol. in-12, rel. v., fig.

387. Lemierre. Fastes, ou Usages de l'année. *Paris*, Gueffier, 1779, in-8, rel. v. f. (Bel exempl.)

388. Le Pays (les Nouvelles œuvres de M.). *Amst.*, Abr. Wolfgang, 1687, Elzev., 2 part. réun. en petit in-12, rel, vel.

389. Marot (Œuvres de Clément). *Genève*, 1781, 2 vol. Cazin, v., tr. d., portr.

390. *Id.* Les Œuvres. *La Haye*, 1700, 2 vol. in-12, rel. v.

391. *Id.* Œuvres, augm. des ouvr. de son père et ceux de son fils. *La Haye*, 1731, 6 vol. in-12, v.

392. Malherbe (les Œuvres de messire François de). *Paris*, P. Rocolet, 1635, in-8, v.

393. *Id.* (Poésies de). *Genève*, 1777, in-32, rel., portr.

394. Ovide (l') bouffon, ou les Métamorphoses travesties en vers burlesques. *Paris*, 1665, in-12, rel. v.

395. Pybrac (les Quatrains du seigneur de). *Paris*, Bouriquant, *s. d.*, in-8, rel. v.

396. Queslon. Pièces dérobées à un ami. *Amsterd.*, 1750, 2 vol. in-12, rel. v. f., tr. dor.

397. Quillet (Cl.). La Callipédie, ou la Manière d'avoir de beaux enfans. *Paris*, 1749, in-8, rel. v., tr. dor.

398. Recueil des poëtes français, depuis Villon jusqu'à Benserade. *Paris*, Barbin, 1692, 5 vol. in-12, rel. v.

399. Regnier (les Satyres et autres œuvres du sieur). *Paris*, 1661, in-12, cart.

400. Rousseau. Œuvres poétiques. *Amsterdam*, 1726, 3 vol. in-12, rel. v., front.

401. Saint-Lambert. Les Saisons, etc. *Amsterd.*, 1769, in-8, v. Fig. de Gravelot.

402. Sarasin (Œuvres de). *Paris*. Aug. Courbe, 1658, in-12, rel. v.

403. Scarron. Le Virgile travesty en vers burlesques. *Paris*, 1669, 2 tom. en in-12, dem. rel.

404. *Id.* Virgile travesti. *Paris*, David, 1695, 2 vol. in-12, rel. v.

405. Théophile (les Œuvres du sieur). *Lyon*, 1651, in-8, rel. vel.

406. Troubadours (Histoire littéraire des). *Paris*, Durand, 1774, 3 vol. in-12, rel. v.

407. Vadé. La Pipe cassée, les Reclusières de Vénus. 1750, réun. en in-8, rel. v. Fig. d'Eisen.

408. Voltaire. La Henriade. *Londres*, 1730, in-8, v. f., tr. dor.

Mélanges de poésies.

409. A propos de société. *S. l.*, 1776, 2 vol. in-8, rel. v. Fig. de Moreau.

410. Arnaud (d'). Le Comte de Comminge, l'Heureux jour, Narcisse dans l'isle de Vénus, etc. *Paris*, 1768, réun. en in-8, rel. v. Fig. d'Eisen.

411. Caquet-Bonbec, la Poule à ma tante, et autres. 1764, réun. en in-12, v., fig.

412. Chansons hist. et satiriques sur la cour de France. Edit. par les fr. Gébéodé (réimpr.), de 1615-1746, in-12, cart. (*Tiré à 60 exemplaires.*)

413. Charpentier (J. P.). Essai sur l'hist. littéraire du moyen âge. *Paris*, 1833, in-8, dem. rel.

414. Deux harangues des habitans de la paroisse de Sarcelles à Mgr l'archev. de Paris. *Aix*, 1731, in-12, rel. v., fig. sur bois.

415. Guerre (la) de Troie travestie. *Angoulême*, 1818, in-18, rel.

416. Periers (B. des). Cymbalum mundi, ou Dialogues satyriques. *Amsterdam*, 1732, in-12, rel. v., fig.

417. Pucelle de Paris, et Contes en vers de M. D**. 1776-83, réun. en in-12, rel., fig. (Curieux.)

418. Recueil de contes et de poëmes. *La Haye*, 1776, in-8, br. Fig. d'Eisen.

419. Réflexions crit. sur la poésie et sur la peinture. *Paris*, Mariette, 1719, 2 vol. in-12, rel. v. f., fil., tr. dor.

420. Riveri (de). Fables et contes. *Paris*, Duchesne, 1754, in-12, rel. v. Vign. d'Eisen.

421. Troubadours (Hist. littéraire des). *Paris*, 1774, 3 vol. in-12, br.

Auteurs étrangers.

422. Arioste. Roland furieux, trad. par F. de Rosset. *Paris*, Sommaville, 1615, in-4, rel. v. Front., fig. (Fatig.)

423. *Id.* Orlando furioso. *Prato*, 1821, 6 vol. in-12, cart. chagr., fig.

424. Boccaccio (Giov.). Il Decamerone. *Londres*, 1727, 2 vol. in-8, v., tr. dor.

425. Thompson. Les Saisons. *Paris*, 1769, in-12, rel. v. Fig. d'Eisen.

Théâtre.

426. Bibliothèque du théâtre français, depuis son origine. *Dresde*, 1768, 3 vol. in-8, rel. v.

427. Ditandy. Etude sur la comédie de Ménandre. *Paris*, Lenormant, 1854, in-8, br. n. rog.

428. *Id.* Etude sur la comédie de Ménandre. *Paris*, Lenormant, 1854, in-8, br.

429. Etienne et Martainville. Hist. du théâtre français. *Paris*, Barba, 1802, 2 vol. in-12, br., portr.

430. Garnier (Robert). Les Tragédies. *Paris*, Raph. du Petit-Val, in-12, vel.

431. Magnien. Nouvelle année littéraire, ou Correspondance théâtrale. *Paris*, 1826, 2 vol. in-8, br. n. rog.

432. Mélanges : Molière, drame, par Mercier; Joachin, drame, par Blin de Sainmore; Requête des filles de Salency. Poésies diverses. Réun. en in-8, rel. v.

433. *Id.* sur le théâtre, la rampe et les coulisses. 1832. La Provençale, pièce. 1758. Cours de déclamation, par Larive. 1804. Étude dramatique, etc. 7 vol. et br. div. form.

434. Molière. Œuvres. *Paris*, 1730, 8 vol. in-12, rel. v. f., portr., fig. (Bel exempl.).

435. *Id.* Œuvres. *Paris*, 1770, 8 vol. in-18, rel. v. Fig. de Boucher.

436. Paccard (J. E.). Mém. et confession d'un comédien *Paris*, 1839, in-8, br.

437. Pièces de théâtre anciennes. Théâtre-Italien. Crébillon, Dufresnoy, Favart, Destouches, Racine, Corneille, Vadé, etc. 83 vol. in-8 et in-12, rel.

438. Piron. Œuvres (théâtre). *Paris*, Duchesne, 1758, 3 vol. in-12, rel. v. Fig. de Cochin.

439. Poisson. Œuvres. *Paris*, 1678, in-12, rel. m. r., fil., tr. dor.

440. Robinson (Mém. de mistriss), célèbre actrice de Londres. *Paris*, 1802, in-8, br., portr.

441. Soleinne (de). Bibliothèque dramatique. *Paris*, 1845, 10 parties, in-8, br.

442. Taschereau (J.). Histoire de la vie et des ouvrages de Molière. *Paris*, Ponthieu, 1825, in-8, br., portr.

443. Tempérament (le). Tragi-parade, 1756, br. in-8.

444. Théâtre de société. *La Haye*, 1777, 3 vol. in-12, rel. v.

Contes, Fables, Romans, Facéties, Critiques, Ana, Proverbes sur l'amour et les femmes,

445. Abeillard et Heloise. Véritables lettres. *Paris*, 1723, 2 vol. in-12, rel. v.

446. Akerlio (le docteur). Eloge des perruques. *Paris*, an VII, in-12, broch.

447. Amours de Henry IV. *Paris*, 1807, 3 vol. in-18, d. rel.

448. Amours du bon vieux temps, l'Homme aux quarante écus. *Vaucluse*, 1756, in-12, rel. v.

449. Amusemens des dames, les trois C. Réun. en in-12, rel. v.

450. Apulé. Les Métamorphoses, ou l'Ane d'or. *Paris*, Brunet, 1707, 2 vol. in-8, rel. v., fig.

451. Bastien (J.). Petit Dictionnaire d'anecdotes. *Paris*, 1820, 3 vol. in-18, dem. rel.

452. Bolœana. Bons mots de Boileau, 1742. Ménagiana, 1693. Perroniana, 1667. Sevigniana, 1768. Ens. 4 vol. in-12, rel.

453. Bocace (Jean). Le Décaméron. *Paris*, 1670, 2 vol. in-12, v.

454. Bussy-Rabutin. Hist. amoureuse des Gaules. *Liége, s. d.*, petit in-12, n. rel.

455. Castel (P.). Esprit, saillies et singularités. *Amsterd.*, 1763, in-12, v.

456. Causes amusantes et connues. *Berlin*, 1769, in-12, v.

457. Cervantes. Hist. de l'admirable Don Quixotte de la Manche. *Paris*, Barbin, 1704, 5 vol. in-12, rel. v. f. (ff. rac.).

458. Cosmopolite (le), ou les Contradictions, hist., contes, etc. 1760, in 12, cart.

459. Cousin (Jacques). Les Petites-maisons du Parnasse. *Bouillon*, 1783, in-8, br.

460. Ducray-Duminil. Cœlina ou l'Enfant du mystère. *Paris*, Le Prieur, an VII, 6 tom. en 3 vol., dem. rel., fig.

461. Dulaurens. Abus dans les cérémonies; Aventures d'un habit noir. Réun. en in-12, rel.

462. Eloge de l'ivresse. *Paris*, an VI, in-12, rel., fig.

463. Erasme. Eloge de la folie, trad. par Gueudeville, 1757, in-12, v., fig. d'Eisen.

464. Fénelon. Aventures de Télémaque. *Paris*, Lefevre, 1824, 2 vol. in-18, br.

465. *Id.* Les Avantures de Télémaque, fils d'Ulysse. *La Haye*, à la Sphère, 1705, 2 vol. in-12, rel. v. f.

466. Figaro (Em.). Les Confessions. *Paris*, 1787, in-12, rel. v.

467. Gonin (M^e^). Les Tours. *Amsterd.*, 1713, 2 vol. in-12, br. Éd. à la Sphère.

468. La Chronique scandaleuse (Tom. I.). *Paris*, 1791, in-12, br.

469. L'Ambigu-Comique, le fond du sac, bons mots, etc. *Paris*, 1789, in-32, m. r., tr. dor., fig.

470. Le Cocq, ou Mém. du chev. de V... *Amsterd.*, 1742, in-12, rel. v.

471. Le Rhinoceros, le Baguenaudier, augm. de pièces rel. à Paris; les Plaisirs de la ville; Etrennes d'à-propos; le Pot de chambre cassé, pièces, etc. Réun. en in-8, dem. rel. (Curieux.)

472. Leroux (P. J.). Dict. comique, libre et proverbial. *Lyon*, 1735, in-8, rel. v.

743. Le Sage. Gil-Blas de Santillane. *Paris*, Gilbert, 1771, 4 vol. in-12, rel. v., fig.

474. Les Ridicules du siècle. *Londres*, 1752, pet. in-12, v.

475. Lettres d'une Péruvienne. *Paris*, 1752, 2 vol. in-12, rel. v., fig. d'Eisen.

476. Lisle (de). Vie et Avantures surprenantes de Brid'oison, représentant de tout le monde. *Paris*, 1833, br. in-8.

477. Lucques (Mém. de). Prisons de l'inquisition. *Amsterd.*, 1787, 4 tom. en 2 vol. rel. v., fig.

478. Marot (Clém.). Les Confessions. *Paris*, 1798, in-18, dem. rel.

479. Mayer (de). Aventures plaisantes du ch. Charles-le-Bon. *Amsterd.*, 1785, dem. rel., in-12, rel. v., fig.

480. Mes vingt ans de folie, d'amour et de bonheur. *Paris*, 1808, in-12, rel.

481. Moulinet (de). La vraye histoire comique de Francion. *Troyes*, 1646, in-8, rel. v. (Piq.)

482. Oufle (M.). Hist. des imaginations extravagantes de. *Paris*, 1710, 2 vol. in-12, v., fig.

483. Petit-neveu de Bocace, contes. *Avignon*, 1781, in-8, dem. rel., fig.

484. Prévost (abbé). Mémoires et aventures d'un homme de qualité. *Amsterdam*, 1756, 6 vol. in-12, rel. v.

485. Princesse laponoise. La Princesse Lionette et le prince Coquerico. *La Haye*, à la Sphère, 1743, in-12, rel. v.

486. Proverbes françois (Dict. des). *Paris*, 1749, in-8, v.

487. Proverbes français (Dict. des). *Paris*, Treuttel, 1821, in-8, d. rel.

488. Répertoire anecdotique. *Paris*, 1797, in-12, rel. v.

489. Rétif de la Bretonne et Cazotte. Les Posthumes. *Paris*, 1802, 4 vol. in-12, br.

490. *Id.* Expl. des fig. du Paysan perverti. *Paris*, 1775, in-12, rel. v. éc.

491. *Id.* La Fille de la nature, etc. Réun. en in-12, d. rel.

492. *Id.* La Paysanne pervertie, ou les Dangers de la ville. *La Haye*, 1786, 4 vol. in-12, fig.

493. *Id.* La Prévention nationale. *La Haye*, 1784, 3 vol. in-12, dem. rel., fig. (Bel. exempl.)

494. Romans de chevalerie. — Faramond, Cassandre, Cléopâtre, 32 vol. in-8, rel., fig.

495. Rosette ou la Fille du monde philosophe. *Roterdam*, 1767, 2 p. en in-12, rel.

496. Soirées du bois de Boulogne. *La Haye*, 1742, 2 part en in-12, v.

497. Straparole (les Facétieuses nuits du seig). 1726, 2 vol. in-12, rel. v.

498. Taxe de la chancellerie romaine, ou la Banque du pape. *Rome*, 1744, in-12, rel. v., fig.

499. Tchelebi-ben-Saleh. Contes et fables indiennes, trad. par Galland et Cardonne. *Paris*, 1778, 3 vol. in-12, dem. rel.

500. Toussaint. La Vie et les aventures du petit Pompée (*Hist. d'un chien*). *Londres*, 1752, 2 part. en in-12, rel. mar. r., tr. dor. Fig.

501. Traduction des meilleurs romans, extrait de la Bibliothèque. *Paris*, 1785, 2 tom. en in-4, rel. v.

502. Vaucher (J. B.). Apologie des dames de France. *Paris*, 1855, in-12, br.

503. Vayer de Boutigny (le). Tarsis et Zélie. *Paris*, Musier, 1774, 3 forts in-8, rel. v., fig. d'Eisen. (Bel exempl.)

504. Vidocq (E. F.). Les Voleurs, physologie de mœurs et langage. *Paris*, 1837, 2 vol. in-8, br.

505. Voltaire. La Henriade. *Paris*, Lefèvre, 1823, in-18, br.

506. Zulphicara, hist. turque, suiv. des Lits babillards. *Paris*, 1797, in-18, br., fig.

---

507. Amour (l') à l'encan, ou la Galanterie dévoilée. *Paris*, 1829, in-18, br., fig.

508. Apologie des femmes. *Paris*, 1694, br. in-4.

509. Art (l') de désopiler la rate. *Venise*, 1788, 2 part. réun. en in-12, d. rel.

510. Barneveldt (Mém. de Mme de). *Paris*, 1732, 2 vol. in-12, rel. v. f.

511. Caillot (A.). Nouv. dict. proverbial, satirique et burlesque. *Paris*, 1826, in-12, br.

512. Condition des femmes, 1839. L'Amour, les femmes et le mariage, 1847. Les Femmes illustres, 1773. Ens. 7 vol. in-8 et in-12.

513. Confessions d'une courtisane. *Londres*, 1784, in-12 cart.

514. Droz. Essai sur l'amour. *Paris*, 1802, in-18, dem. rel., fig.

515. Ducatiana ou Remarques sur M. Le Duchat, par Formey. *Amsterd.*, 1738, 2 tom. en in-12, v.

516. Duliez. Mémoire pour servir à l'hist. après la catastrophe de Mlle Pélissier, actrice de l'Opéra. *Londres*, 1739, in-12, rel. v.

517. Estrées (Gabrielle d'). Mémoires. *Paris*, 1829, 4 vol. dem. rel.

518. Fumée de Genillé. Du vrai et parfait amour. *Paris*, 1612, in-12, cart. (Manque le titre.)

519. Humbert (sieur). Les Triomphes de la guerre et de l'amour. *Paris*, 1631, in-8, rel. v.

520. Illustres Françoises (les). *Paris*, 1725, 3 vol. in-12, v.

521. La Boite à l'esprit ou la Biblioth. des anecdotes et bons mots. *Paris*, an IX, in-12, br.

522. Lambert. Réflexions sur les femmes. *Amsterd.*, 1732, in-12, rel. v.

523. Le Moyne. La Galerie des femmes fortes. *Paris*, 1665, 2 vol. in-12, dem. rel., fig., portr.

524. Leroux (P. J.). Dict. comique, satyrique, etc. *Pampelune*, 1786, 2 vol. in-8, rel. v.

525. Mariage (le). *Paris*, 1769, 2 part. en in-12, v.

526. Martin (L. M.). Hist. de la condition des femmes chez les peuples de l'antiquité. *Paris*, Ebrard, 1839, in-8. br.

527. Meibomius (J. H.). De la flagellation dans la médecine et dans les plaisirs de l'amour. *Paris*, 1800, in-18, br.

528. Mémoires de la reyne Marguerite. *Paris*, Cl. Barbin, 1661, in-12, rel. v.

529. Ménagiana, ou Bons mots. *Amsterd.*, 1693, in-12, cart.

530. *Id. Paris*, 1693, in-12, rel.

531. Méry (de). Hist. gén. des proverbes, adages, sentences, apophthegmes. *Paris*, Delongchamps, 1828, 3 vol. in-8, br.

532. Métamorphoses de l'amour. *S. l.*, 1769, in-12, n. rel.

533. Miran (de). Caractères des femmes. *Londres*, 1769, 2 part. en in-12, v.

534. Perret (du). La Cour d'amour, ou les Bergers galans. *Paris*, Barbin, 1667, 2 vol. in-12, rel. v.

535. Portien (la Princesse de). *Paris*, 1724, in-12, rel. v.

536. Songe de Bocace. *Paris*, 1715, in-12, dem. rel.

537. Vie de la Bourbonnaise, Lettre des la Grenouillière, les Nouv. du Luxembourg. Réun. en in-12, rel.

538. Ancelot. Œuvres complètes, précédées d'une notice par X. B. Saintine. *Paris*, Desrez, 1838, gr. in-8, br. n. r.

539. Balzac (sieur de). Lettres choisies. *Amsterdam*, Elzev., 1696, in-32, vél.

540. Brantôme. Œuvres. *La Haye*, 1740, 15 vol. in-12, rel. v., fig.

541. Cyrano de Bergerac. Œuvres. *Amsterdam*, 1709, 2 vol. in-12, rel. v., fig.

542. Gilbert. Œuvres complètes. *Paris*, Lejay, 1788, in-8, dem. rel. portr.

543. Guy-Patin. Lettres choisies. *La Haye*, 1707, 3 vol. in-12, rel. v.

544. Malherbe (de). Lettres inédites. *Paris*, Blaise, 1822, in-8, br., fig

545. *Id.* Les Lettres, suivies des poésies. *Paris*, 1645, in-12, rel.

546. Montesquieu. Œuvres. *Londres*, 1784, 3 vol. in-8, rel. v. Portr.

547. Paillet-de-Warcy. Histoire de la vie et des ouvrages de Voltaire. *Paris*, 1824, 2 tomes en in-8, cart. Portr.

548. Pellisson. Œuvres diverses. *Paris*, Didot, 1735, 3 vol. in-12, rel. v. f. Portr.

549. Pigault-Lebrun. Œuvres. *Paris*, Barba, 1822, 20 vol. in-8, br. Port. (Manq. 16e et 18e vol.)

550. Pompignan (marquis de). Œuvres. *Paris*, Nyon, 1784, 4 vol. in-8, cart.

551. Saint-Evremont (de). Œuvres mêlées. *Cologne*, Pierre Marteau, 1708, 7 vol. in-12, rel. v.

552. Sévigné (marquise de). Lettres. *Paris*, Rollin, 1738, 7 vol. in-12, rel. v. Portr.

553. Temple (chev.). Les Œuvres. *Utrecht*, 1694, 2 vol. in-12, rel. v.

554. Vadé. La Pipe cassée. Les Quatre bouquets poissards. Lettres de la Grenouillère, etc. 1755, in-12, non rel. vign. d'Eisen.

555. *Id.* Œuvres compl. *Genève*, 1777, 4 vol. Cazin, rel. v., tr. dor.

556. Voiture (les Œuvres de M. de). *Paris*, 1713, 2 vol. in-12, rel. v.

557. *Id.* Œuvres. *Paris*, Mauger, 1785, 2 vol. in-12, rel. v. Portr.

558. Voltaire. Œuvres, avec notes rédigées par Palissot. *Paris*, Stoupe, 1792, 55 vol. in-8, dem. rel. (Bel exempl.).

559. *Id.* Œuvres complètes. *Paris*, J. Didot aîné, 1827-29, 4 part. in-8, cart. n. r. Portr.

Édition dédiée aux amateurs de l'art typographique.

Épistolaires et Polygraphes.

560. Baudrand. Dictionnaire géogr. et hist. *Paris*, 1705, in-fol. rel. v. Portr.

561. La Chambre. Discours sur les causes du débordement du Nil. *Paris*, 1665, in-12, v.

562. Malte-Brun. Annales des voyages, de la géographie et de l'histoire. *Paris*, Buisson, 1809, 16 vol. in-8, dem. rel., cart. et fig.

564. Pomponius Mela. De situ orbis, cum. observ. Isaaci Vossii. *Franckeræ*, Strickium, 1700, in-8, rel. v., fil., tr. dor., fig.

564. Thresor de Chartes, contenant les tableaux de tous les pays du monde, impr. par Math. Becker, in-8 obl., rel. vél., fig.

HISTOIRE

Géographie, Voyages.

565. Beaujeu (Ch. de). Mémoires, contenant ses voyages, etc. *Amsterdam*, chez Ant. Schelte, in-12, rel. v.

566. Bruce (J.). Voyages. *Paris*, 1790, 10 vol. in-8, rel. v.

567. Magaillans (R. A. Gabr.). Nouv. rel. de la Chine. *Paris*, 1690, in-4, v.

568. Niebuhr. Description de l'Arabie. *Paris*, 1779, 2 tomes en in-4, dem. rel., pl.

569. Saumery. Mémoires et aventures du Levant. *Liége*, 1732, 2 vol. in-12, rel. v.

570. Voyages aux côtes d'Afrique et en Amérique. *Amsterdam*, 1699, 1739. 2 vol. in-12, rel. v., fig.

Histoire universelle et ancienne.

571. Bossuet. Discours sur l'histoire univers. *Paris*, 1732, in-4, rel. v. Portr.

572. Chantal (de). Manuel des dates. *Paris*, 1839, in-8, dem. rel.

573. Faits principaux de l'histoire sacrée, de France, etc., mis en vers. *Avignon*, 1765, 2 vol. in-12, rel. v.

574. La Primaudaye (de). Académie françoise. *Paris*, 1582, in-8, rel. vél.

575. Moreri. Dictionnaire historique. *Lyon*, 1681, 2 vol. in-fol., rel, v. front. Portr.

576. Thou (de). Histoire des choses arrivées de son temps. *Paris*, 1659, 3 vol. in-fol., v. front. Portr. (Rel. fat.).

577. Amyot (J.). Histoire de Diodore de Sicile, trad. *Paris*, Gilles Beys, 1585, in-fol., dem. rel.

578. Chaussard. Héliogabale ou dissolution romaine sous les empereurs. *Paris*, 1802, in-8, cart., fig.

579. Curtius (Q.) cum supplementis ac commentariis. *Lugd. Batav.* 1696, in-8, rel. v., fig.

580. Grandeur et décadence des Romains. *Amsterdam*, 1734, in-12, rel. v. f. Aux armes.

581. Noël (F.). Dictionnaire hist. des personnages célèbres de l'antiquité. *Paris*, Lenormant, 1824, in-8, rel. v.

582. Pelissori. Education de Philippe. *Toulouse*, 1669, in-12, rel. maroq. r.

583. Rollin. Histoire ancienne. *Paris*, 1730, 14 vol. in-12, rel. v.

584. Saint-Martin (J.). Rech. sur l'hist. et la géographie de la Mésène et de la Characène. *Paris*, impr. royale, 1838, in-8, br.

585. Salluste. Histoire de la guerre des Romains contre Jugurta, et de la conjuration de Catilina. *Paris*, Thierry, 1675, in-12, rel. m. r. fil. tr. dor. Aux armes de Colbert.

586. Suétone. Hist. des empereurs romains. *Paris*, 1667, in-12, rel. v. Port.

587. Barthelemy (J. J.). Voyage d'Anacharsis en Grèce. *Paris*, Sanson. 1827, gr. in-8, cart., fig. et cartes.

588. Trésor chronologique, réunions de fig. et monnaies, in-4, cart.

Histoire moderne, de France, etc.

589. Avantures de France et d'Espagne, Nouvelles galantes et historiques. *Paris*, Charpentier, 1707, in-12, rel. v.

590. Daniel (P. G.). Histoire de France. *Amsterdam*, 1720, 6 vol. in-4, rel. v. aux armes de Colbert, cart. et fig.

591. Hénault (président). Abrégé chronol. de l'Histoire de France. *Paris*, 1775, 3 vol. in-8, rel. v. f.

592. Lefeuve. Anciennes maisons de Paris sous Napoléon III. *Paris*, 1856-61, 57 liv. br.

593. Marcel (Guil.). Histoire de l'origine et des progrès de la monarchie française, suivant l'ordre des temps. *Paris*, Thierry, 1696, 4 vol. in-12, rel. v. fig.

594. Marion Delorme. Lettres, pièces du procès de Henri de Telleraud, comte de Chalais. *Londres*, 1780, réun. en in-12, rel. v. Joli portrait.

595. Marlès (J. de). Paris ancien et moderne. *Paris*, 1837, 3 vol. in-4, br.

596. Mémoires pour et contre Cagliostro, Rohan, etc. Ens. 15 vol. et broc. in-4.

597. Amirault (M.). Vie de François de la Nouë, dit Bras de fer. *Leyde*, Elsevier, 1661, in-4, rel. v.

598. Baillet (A.). Hist. des démeslez du pape Boniface VIII avec Philippe le Bel. *Paris*, 1718, in-12, rel. v.

599. Barthélemy (J.). Histoire de Jeanne d'Arc. *Paris*, Aubry, 1847, 2 vol. in-8, dem. rel. fig.

600. Berger de Xivrey, Deville, etc. Preuves de la découverte du cœur de saint Louis. *Paris*, Didot, 1846, gr. in-8, n. r., fig.

601. Bouclier d'honneur, où sont représ. les beaux faits de J. Berton de Crillon. *Paris*, 1759, in-12, v.

602. Boulainvillers (de). Hist. de la pairie de France. *Londres*, 1753, 2 part. en in-12, v.

603. Choisy (de). La Vie de saint Louis. *Paris*, Claude Barbin, 1689, in-4, v.

604. Condé (Louis de Bourbon, prince de). (Histoire de la vie et ac-

tions de). *Cologne*, Pierre Marteau, à la Sphère, 1694, in-12, rel. v.

605. Duchat. Satyre Menippée, de la vertu du catholicon d'Espagne. *Ratisbonne*, Kerner, à la Sphère, 1664, in-12, rel. v.

506. Etoile (P. de l'). Journal de Henry III et de Henry IV. *Cologne*, 1720-32, 6 vol. in-12, rel. v. Portrait.

607. Gourville. Mémoires. *Paris*, 1724, 2 vol. in-12, rel. v.

608. Hardouin de Péréfixe. Hist. du roy Henry le Grand. *Amsterdam*, Elzev., 1662, in-12, rel. vel.

609. Henry IV, Villeroy et de Puisieux. Lettres. *Amsterdam*, 1733, 2 vol. in-8, rel. v.

610. Histoire de Henri II, dernier duc de Montmorency. *Paris*, 1699, in-12, rel. v.

611. Laboureur (le). Histoire de Charles VI, roi de France. *Paris*, 1663, 2 vol. in-fol. rel. v. (Fl. de lys coupées sur le titre.)

612. Lavergne (de). Histoire de Robert. *Londres*, 1800, in-8, dem. rel.

613. Mongez. Histoire de la reine Marguerite de Valois. *Paris*, 1777, in-12, v.

614. Ossat (d'). Lettres du cardinal au roy Henry le Grand. *Paris*, 1627, in-8, rel.

615. Recueil de div. pièces pour servir à l'Hist. de Henry III, roy de France. *Cologne*, Pierre Marteau, 1666, in-12, rel. v.

616. Satire Ménippée, de la vertu du catholicon d'Espagne. *Ratisbonne*, Kerner, 1661, in-32 cart. (Edit. à la Sphère).

617. Terlon (chev. de). Mémoires. *Paris*, 1681, 2 vol. in-12, rel. v.

618. Vie de Gaspard de Coligny. *Cologne*, à la Sphère, Pierre Marteau, 1686, in-12, v.

619. Vie du cardinal d'Amboise, ministre de Louis XII. *Amsterdam*, 1726, 2 vol. in-12, v. f.

620. Artagnan (d'). Mém. de M... *Cologne*, Pierre Marteau, 1700, in-12, rel. vél.

621. Bassompierre (Mémoires du maréchal de). *Cologne*, Pierre Marteau, 1665, 3 vol. in-12, rel. v.

622. Mazarinades. Les Barricades. Adieu du caresme au peuple de Paris, à Mazarin, et à la guerre. Le premier courrier françois. Le passeport et l'adieu de Mazarin. La guerre civile. Dispute et accord de la paix et de la guerre. Le nocturne enlèvement du roi par le cardinal Mazarin. La Gazette des halles. Larmes et complaintes de la reine d'Angleterre. Souhaits des bons Français. Siége d'Aubervilliers. Déroute des troupes de Mazarin. Requeste de Son Eminence. La Gazette de la place Maubert. Reproches de la France au prince de Condé, etc., réun. en in-4, v. f. (Curieux.)

623. Mezeray (Eudes de). Hist. de la mère et du fils, Marie de Médecis et Louis XIII. *Amsterdam*, 1731, 2 vol. in-12, rel. v.

624. Mornay (P. de). Mémoires. *S. l.*, 1624, 2 vol. in-4, rel. v.

625. Richelieu (cardinal duc de). Journal. *Paris*, 1665, 2 vol. in-12, rel. v.

626. Véritable père Josef capucin, contenant l'histoire du cardinal de Richelieu. 1704, in-12, v.

627. Masque de fer, ou les Aventures admirables du père et du fils. *La Haye*, 1759, 3 part. en in-12, dem. rel.

628. Thou (de). Mémoires. *Rotterdam*, 1711, in-4., rel. v. Port.

629. Desmoulins (C.). Le vieux Cordelier, suivi de la France libre. *Paris*, Ebrard, 1840, in-12, br. n. r.

630. Histoire gén. et impart. des erreurs, des fautes et des crimes commis pendant la révol., à dater du 24 août 1787. Convention, 2 vol.; Constituante, 1 vol.; Législative, 1 vol. *Paris*, 1787. Ens. 4 vol. in-8, dem. rel., quantité de fig. (Bel exemplaire.)

631. Journal de Paris de 1779 à 1792, 28 vol. in-4, dem. rel.

632. Pour et contre. Opinions sur le procès de Louis XVI, avec pièces authent. de la procédure. *Paris*, an I, 7 vol. in-8, dem. rel.

633. Grandin (F.). Souvenirs hist. du capitaine Krettly. *Paris*, Biard, 1838, 2 vol. in-8, cart.

634. Bonnard (Histoire de), chev. de Saint-Louis et de la Légion d'honneur, capitaine de gendarmerie, avec extrait de sa vie, 3 vol. in-4 manusc., beaucoup de fig. (Curieux.)

635. Napoléon, sa famille, ses amis, ses généraux, ses ministres et ses comtemporains, ou Soirées secrètes. *Paris*, Krabbe, 1840, in-8, cart., n. r. Port.

636. Recueil de pièces manuscrites. Ier, IIe, IIIe et IVe volumes : Pièces autogr. de dignités militaires, officiers, sous-officiers, gendarmes, militaires, etc. Poésies, épitres. — Ve vol. : Pièces autogr. d'autorités civiles, etc. — VIe et VIIe volumes : Lettres de famille, etc. — VIIe et XVIIIe vol. : Pièces diverses de la franc-maçonnerie, statuts, règlements, tableaux, lettres, discours, alphabets, diplômes, faire part de mort, etc. — IXe, Xe, XIe, XIIe, XIIIe et XIVe vol. : Réponses diverses, mandements, etc. — XVe et XVIe vol. : Pièces allemandes et espagnoles, voyages, etc. — XVIIe vol. : Cours de botanique, lettres de faire part de décès. — XIXe et XXe vol. : Pièces relatives à l'Athénée de la langue française, poésies, principes de grammaire. Ouvrage très-curieux, contenant beaucoup de documents manuscrits se rapportant à l'Hist. de la gendarmerie. — Ensemble 20 vol. in-4, rel. veau. (Bel exemplaire.)

637. Biographie des 900 représentants de la Constituante, et des 750 à la Législative en 1849. *Paris*, Lecou, *s. d.*, fort in-12, br.

Histoire étrangère.

638. Blanc. Histoire de Bavière. *Paris*, 1680, 4 vol. in-12, rel. m. r., fil., tr. dor., fig.

639. Conjuration des Espagnols contre la république de Venise. *Paris*, Barbin, 1674, in-12, rel. m. r., fil., tr. dor.

640. Histoire des Ottomans, grands seigneurs de Turquie. *Paris*, 1600, in-8, rel. vél.

641. Orléans (le P. d'). Hist. des révolutions d'Angleterre. *La Haye*, 1729, 3 tom. réun. en in-4, v.

642. Ricaut. Histoire de l'Empire ottoman, trad. par Briot. *Paris*, 1670, in-12, rel. v., fig.

Cérémonies, Chevalerie, Noblesse, Antiquités, etc.

643. Beaufort (de). Rec. conc. le tribunal de NN. SS. les maréchaux de France. *Paris*, 1784, 2 vol. in-8, v.

644. Borjon. Dignitez temporelles, où il est traité des ducs, des pairs, des marquis, des comtes, des barons, etc. *Paris*, 1683, in-12, rel. v.

645. Lachesnaye-Desbois. Dict. généalogique, héraldique, etc. *Paris*, Duchesne, 1757, in-8, v. (Tom. Ier.)

646. La Curne de Sainte-Palaye. Mém. sur l'ancienne chevalerie. *Paris*, 1781, 3 vol. in-12, v.

647. Leber (C.). Des Cérémonies du sacre. *Paris* et *Reims*, 1825, in-8, br., 48 pl.

648. Méthode du blason. *Lyon*, 1722, in-12, rel. v., fig.

649. Souverains du monde. *Paris*, Cavelier, 1718, 4 vol. in-12, rel. v., blasons.

650. Du Choul (G.). Disc. de la religion des anciens Romains. In-4, rel. fig.

651. Jobert. La Science des médailles. *Paris*, 1692, in-12, rel. v.

652. Montfaucon (B. de). L'Antiquité expliquée et représentée en figures. *Paris*, 1719, 5 vol. in-fol., rel. v.

Biographie, Bibliographie, Mélanges.

653. Bayle. Dictionnaire hist. et critique. *Amsterdam*, 1734. 5 vol. in-fol., rel. v.

654. Biographie française. *Paris*, 1825, 2 vol. in-12, rel., fig.

655. Boispréaux (de). La Vie de Pierre Arétin. *La Haye*. 1750, in-18, v., portr.

656. Charma (A.). Saint Anselme, notice. *Paris*, Hachette, 1853, in-8, br.

657. La Motte (de). Hist. de Tertullien et d'Origène. *Paris*, 1676, in-8, v.

658. Magnant. La Légion d'honneur, journal biographique de tous les décorés. *Paris*, 1860-61, in-4, br.n. rog.

659. Miramon (Vie de Mme de). *Paris*, 1707, in-12, v.

660. Plutarque. Les Hommes illustres, trad. par Amyot. *Paris*, Robinot, 1645, 2 vol. in-fol., v. f., portr.

661. *Id.* Œuvres morales et meslées. *Paris*, Robinot, 1645, 2 vol. in-fol., v. f.

662. Renouard (Aug.). Annales de l'imprimerie des Aldes. *Paris*, Renouard, 1803, 2 vol. in-8, br.

663. Ruyter (Michel). Vie et les actions mémorables. *Amsterd.*, 1677, 1 vol. in-12, rel. vél.

664. Vie de Gabrielle-Marie de Q***, Marie L. D*** et Angèle de Sainte-C***, élèves de la Congrégation dite des Oiseaux. *Paris*, 1847, in-8, br., portr.

665. Vulson (de). Les Portraits des hommes illustres françois. *Paris*, 1667, in-12, rel. v. f., portr.

666. Année française, ou Mémorial politique, etc. *Paris*, 1826, 2 vol. in-8, br.

667. Conservateur (le). *Paris*, 1818-20, 6 vol. in-8, dem. rel.

668. Curiosités littéraires. *Paris*, Paulin, 1845, in-12, d. rel. m.

669. Fréron. L'Année littéraire. Jugement des savants, etc., 67 vol. in-12, rel.

670. Contes, Nouvelles, Fables, Romans polygraphes, etc., 133 vol. diff. form.

671. Diderot et d'Alembert. Encyclopédie. *Genève*, 1778, 36 vol. Recueil de planches. *Neufchatel*, 1779, 3 vol. Table. *Lyon*, 1780, 6 vol. Ensemble 45 vol. in-4, rel. v. (Bel exempl.)

672. Grecs, latins et français (Auteurs), dont Homère, Virgile, Lucien, Hist. romaine, etc., 86 vol. in-8 et in-12, rel.

673. Histoires et romans en anglais, 44 vol. in-8 et in-12, rel., fig.

674. Histoire natur. Médecine. La Maison rustique, 15 vol. diff. form., fig.

675. Histoire, voyages, et dictionn. divers, 57 vol. diff. form.

676. Mémoires de la duchesse de Mazarin. Discours de Xénophon. Minorité de Louis XIV. Vie d'Octavie. Réconciliation du mérite et de la fortune. Méthode pour combattre les déistes. De la navigation des Romains. Réun. en in-12, rel. v. f.

677. Mémoires de Mlle de Montpensier, Mme de Maintenon, Mme de Sévigné, de Sully, de Motteville, de Saint-Evremont, de Bussy-Rabutin, etc., 127 vol. in-12, rel.

678. Quinet (E.). Allemagne et Italie. Philosophie et poésie. *Paris*, 1839, 2 tom. in-8. L'Eglise de Brou, par Moyria, avec introd. par Quinet, etc. Les Mémoires de Chateaubriand, par Quinet, en in-8, dem. rel. mar. r.

Paris. — Typographie de PILLET fils aîné, rue des Grands-Augustins, 5.

www.ingramcontent.com/pod-product-compliance
Ingram Content Group UK Ltd.
Pitfield, Milton Keynes, MK11 3LW, UK
UKHW021932190726
13853UKWH00002B/999